AF232514

LES ENTRETIENS
DE MAÎTRE BARTHÉLEMY

I

L'univers peut s'expliquer

SANS FAIRE INTERVENIR

L'IDÉE DE DIEU

PRIX : 15 centimes

—o—

LIBRAIRIE DE L'INTÉGRALE

33, rue de l'Hospitalité, à TOURS

LES ENTRETIENS
DE MAITRE BARTHÉLEMY

I

L'UNIVERS PEUT S'EXPLIQUER

SANS FAIRE INTERVENIR

L'IDÉE DE DIEU

— Enfin, maître Barthélemy, vous direz ce que vous voudrez, mais une maison ne se fait pas toute seule ; le monde, qui est bien plus grand et bien plus compliqué, n'a donc pu se faire tout seul. Il y a donc *quelque chose au-dessus de nous*. Il faut donc admettre qu'il a été fait par un ouvrier intelligent. Donc il y a un Dieu.

— Donc il y a un Dieu, dites-vous, maître Jacques ; mais je vais vous montrer que votre raisonnement pèche par la base. N'y a-t-il pas plusieurs ouvriers pour faire la maison ? Alors pourquoi voulez-vous que ce soit *un Dieu* seulement qui ait fait le monde ? Pourquoi pas plusieurs ?

— Pourquoi en supposer plusieurs, quand un seul suffit ?

— Pourquoi n'en supposer qu'un seul, quand ce peut être aussi bien plusieurs ?

— Plusieurs n'auraient pu s'accorder. Ils se seraient

disputés. Ils n'auraient pu aboutir qu'à une œuvre très imparfaite.

— Il me semble que les ouvriers qui font une maison réussissent très bien à s'accorder et à faire des édifices d'une grande perfection. D'ailleurs, où voyez-vous que l'Univers soit parfait ? Est-ce de la perfection, ce fait qu'il n'y a pas deux brins d'herbe, deux cailloux qui se ressemblent ? Est-ce de la perfection, ces volcans qui détruisent des populations entières, sans crier gare, les bons comme les mauvais ? Est-ce de la perfection, les années trop sèches qui font tout périr, et les années trop humides qui font tout pourrir ?

— Alors, maître Barthélemy, vous croyez qu'il y a plusieurs dieux ?

— Je n'ai pas dit cela. J'ai voulu seulement vous montrer que votre affirmation *qu'il n'y a qu'un Dieu* ne repose sur rien de sérieux, puisque vous pourriez, avec autant de raison, en admettre plusieurs. Toute l'antiquité le croyait, d'ailleurs, et vous m'accorderez bien que si les anciens étaient moins instruits que nous, au moins ils n'étaient pas plus sots ?

— Mais enfin il faut bien que le monde ait eu un commencement ?

— Et il vous faut un Dieu pour avoir réalisé ce commencement ?

— Dame !

— Et ce Dieu, ces dieux mêmes, en admettant qu'il y en ait plusieurs, comment, dans votre pensée, ont-ils commencé ?

— Mais ! je ne sais pas !

— Vous ne savez pas ? Ils ont peut-être été faits par d'autres dieux ?

— III

— Et ces autres dieux ont été faits par d'autres, si vous voulez. Mais il faut s'arrêter. Il vous faut bien admettre, dans votre hypothèse, qu'il y a eu *un*, ou *plusieurs* premiers dieux qui n'ont pas eu de commencement.

— La religion catholique nous enseigne que Dieu n'a pas eu de commencement.

— Très bien ! Et vous admettez cela ?

— Dame ! il le faut bien. D'ailleurs c'est fort logique.

— Alors vous ne trouvez rien d'absurde à cette idée d'un Dieu qui n'a pas commencé ?

— Mais absolument rien !

— Alors, si un être a pu ne pas commencer, pourquoi un autre être, un caillou par exemple, pourquoi même tous les autres êtres n'auraient-ils pas eu la même propriété ?

— Mais je vois bien que le caillou commence, et aussi tous les êtres !

— Vous avez vu commencer un caillou ? Où donc ?

— Il a commencé lorsqu'il est sorti de la carrière.

— Et il n'existait pas avant ?

— Pas comme caillou !

— Mais il existait tout de même dans la carrière. Ce n'est pas là son vrai commencement. Et où était-il avant d'être dans la carrière ?

— Est-ce que je sais ?

— Alors vous ne pouvez pas dire qu'il a commencé, car vous n'en savez rien. La vérité est que la substance dont il est formé existait avant d'être dans la carrière. Elle était peut-être dispersée, mais elle existait ; et le caillou n'existerait pas si elle ne lui avait préexisté. D'où sortait-elle, cette substance ?

— Je ne sais pas.

— Vous prétendez que l'Univers a commencé. Donc, vous admettez qu'il fut un temps où il n'existait pas ?

— Certainement.

— Où il n'existait rien, par conséquent ?

— Ah ! si ! Dieu existait.

— Il n'existait rien que Dieu ?

— Absolument rien que lui.

— Alors, comment votre Dieu a-t-il pu faire le monde ? Avec quoi ?

— La religion nous enseigne qu'il l'a fait avec rien.

— Et les ouvriers, font-ils aussi la maison avec rien ?

— Ah ! non. Mais ils ne sont pas dieux.

— Et vous pensez qu'il peut exister un être assez puissant pour faire quelque chose avec rien ? Vous ne sentez pas l'absurdité d'une pareille opinion ?

— C'est un mystère. D'ailleurs il y a beaucoup de bons esprits, des savants même, comme Cuvier, Pasteur, qui l'ont admise.

— Ne pensez-vous pas que quelques-uns de ces savants ont pu faire semblant d'admettre ce « mystère » par intérêt ? Cela vous scandalise ? Eh bien ! mettons qu'ils étaient tous de bonne foi, et qu'ils n'avaient pas la préoccupation de garantir leurs livres du boycottage clérical. Mais cela prouverait seulement que ces savants avaient l'esprit tourné ailleurs. Trouvant difficile d'expliquer l'Univers, jugeant même la chose impossible, ils préféraient ne pas se casser la tête sur ce point, et s'en rapporter aux affirmations de leurs éducateurs, pour donner le plus de temps possible à leurs études préférées. Pasteur allait à la messe avec la même conviction qu'il aurait mise à aller prier Jupiter ou Minerve, s'il avait vécu en d'autres temps. Et puis, il arrive que des savants disent des sottises. Il ne faut pas croire à une chose parce que des savants la croient ou l'ont dite, mais parce qu'ils l'ont prouvée, ou que la raison nous montre qu'elle est vraie ou probable.

— Alors vous ne croyez que ce que vous voyez?

— Que ce que je vois, c'est trop ou trop peu. Il y a des choses que je vois et que je ne crois pas. Je vois que la Terre est plate, et je comprends, je crois, je suis certain que c'est une boule, parce que j'en ai les preuves. Je vois que les étoiles sont petites, que le Soleil tourne autour de la Terre, que la Lune est de la même grandeur que le Soleil, que les champs et les maisons ne bougent pas, que la matière est continue, et je suis certain, parce que j'en ai la preuve, que tout cela ce sont des illusions, que les étoiles sont en réalité des globes énormes, que c'est la Terre qui tourne devant et autour du Soleil, que la Lune est cinquante millions de fois plus petite que le Soleil, que nous sommes emportés par la Terre dans une course vertigineuse, que les corps sont formés d'une infinité de petites masses laissant entre elles une infinité de vides à travers lesquels circulent la chaleur, la lumière et l'électricité. D'autre part, certaines choses que je ne vois pas, je les crois, parce que ma raison me montre qu'elles sont vraies. Enfin, je puis croire des choses que je ne puis vérifier, lorsqu'elles m'apparaissent comme possibles et vraisemblables, mais alors c'est sous bénéfice d'inventaire. Vous voyez que je suis bien loin de ne croire qu'à ce que je vois. Mais je ne crois pas ce qui m'apparaît comme absurde.

— Oui, vous n'avez confiance que dans votre raison. Mais êtes-vous bien sûr qu'elle ne vous trompe pas?

— Et vous, êtes-vous plus sûr que vos croyances ne vous induisent pas en erreur? Entre votre foi aveugle et ma foi raisonnée, quel est celui de nous deux qui a le plus de chances de se tromper ?

— Moi, maître Barthélemy, je ne suis pas un orgueilleux. Je n'ai pas confiance dans ma faible raison ; je sais qu'elle me trompe souvent. Et je m'en rapporte à ce qu'ont dit des hommes plus intelligents et plus savants que moi, comme saint Paul, saint Augustin, saint Chrysostome ou saint Thomas d'Aquin.

— A quoi reconnaissez-vous que ces hommes étaient plus savants et plus intelligents que vous ?

— A leurs écrits, d'abord ; je vois bien que je ne saurais en faire de pareils. A leur réputation, ensuite.

— Bien ! Mais Voltaire, Descartes, Spinosa, Kant et bien d'autres ont fait des livres aussi profonds, aussi difficiles que les auteurs que vous citez. Pourquoi leur préférez-vous ces auteurs ?

— !!!

— Remarquez que saint Paul et les autres docteurs dont vous vous réclamez ignoraient tout de la science actuelle, qui n'existait pas à l'époque où ils vivaient, et que, sans elle, leurs raisonnements avaient beau être des merveilles de logique, ils avaient mille chances, basés souvent sur des erreurs, d'aboutir à d'autres erreurs ; tandis que ceux que je viens de vous nommer en savaient beaucoup plus long. Je ne dis pas qu'ils ont toujours raisonné juste. Mais leurs discussions étaient certainement plus éclairées et plus sûres que celles de vos thaumaturges. Réfléchissez que si saint Paul et saint Augustin avaient vécu à notre époque et connu notre science, ils auraient certainement écrit d'une manière toute différente. Puisqu'il vous faut des autorités, vous devriez plutôt avoir confiance dans les philosophes modernes. Qu'est-ce qui vous guide dans le choix que vous faites?

— Ma raison, parbleu !

— Alors, en définitive, c'est votre raison qui est juge. Il est donc illogique de votre part de me reprocher de me servir de la mienne. Maintenant, que l'art de raisonner vous soit difficile, comme vous vous l'imaginez, c'est possible. Mais, comme l'a dit Boileau, la critique est aisée, et vous pouvez, sinon formuler vous même et soutenir des arguments, au moins juger de la valeur respective de ceux qui sont en présence. Répondez donc, avec l'aide de saint Augustin si vous voulez, à ceux que je vous pose. Je comprendrais que vous vous attachiez au déisme si vous me disiez que les éléments des choses ont toujours existé, qu'ils étaient dans le chaos, et que Dieu les a organisés. Ce serait au moins une opinion raisonnable.

— Eh bien ! pourquoi ne serait-ce pas ainsi ?

— Je vous ferai observer que si vous admettez cela, vous encourrez les foudres de votre Église catholique, qui veut à toute force que Dieu ait tout fait de rien. Vous ne seriez plus catholique; vous resteriez déiste, mais vous deviendriez libre-penseur, ou au moins hérétique. Mais cela ne répond pas à votre question. Je vous dirai donc : Pourquoi serait-ce ainsi ? Si les éléments matériels ont toujours existé, ne peut-on pas admettre qu'ils se sont agrégés par le seul effet de leurs propriétés ?

— Ah ! je vous arrête ! Ils se seraient donc agrégés par hasard?

— Pourquoi pas?

— Et vous pensez que c'est le hasard qui a produit nos

corps, et ceux des animaux et des plantes, de si merveilleuse structure? Ces vaisseaux si bien disposés qu'ils portent la nourriture dans toutes leurs parties, sans en oublier une seule? Rien que votre œil est une merveille de construction que vos opticiens n'égaleront jamais. Tout cela serait du hasard? Allons donc?

— Cela semble agencé suivant un plan voulu, en effet. Mais ce plan, si plan il y a, n'est pas celui d'un être omnipotent et bon, car alors le corps, l'œil dont vous parlez, ne seraient pas merveilleux, ils seraient parfaits. Ces machines si bien montées le seraient encore mieux et ne se détraqueraient pas, comme tant d'entre elles le font, au moindre courant d'air. Ne dites pas que ce n'est pas possible. D'abord, tout doit être possible à l'être que vous supposez. Ensuite, puisqu'il existe des individus qui ne sont pour ainsi dire jamais malades et qui résistent admirablement aux intempéries, tous les individus pourraient être ainsi, que dis-je? devraient l'être. Les maladies congénitales, surtout, prouvent que Dieu n'est pour rien dans les phénomènes vitaux. Et je vais vous faire toucher du doigt le secret probable de la formation de ces merveilles, et vous verrez que si le hasard n'a pas tout fait il y a joué néanmoins un grand rôle. Écoutez.

L'histoire naturelle nous fait connaître que notre corps est l'assemblage d'un grand nombre de très petits êtres, les *plastides*, des espèces de microbes associés ayant chacun une besogne particulière à accomplir. Les uns font ceci, les autres font cela. Il y en a qui fabriquent de la salive, d'autres de la bile, d'autres des os, d'autres encore de la graisse. Il en est qui fabriquent le sang, et certains l'épurent en sécrétant la sueur, l'urine. D'autres encore ont pour fonction de détruire les microbes étrangers qui pourraient nous donner des maladies, et si nous contractons parfois des maladies contagieuses, ce n'est pas faute d'avoir combattu, et de nous avoir défendus. Ce sont des sortes de soldats. D'autres encore se sont agrégés en filets que l'on nomme des nerfs, et président à notre sensibilité et à nos mouvements. C'est, en somme, tout un peuple avec ses chefs, ses lois, ses institutions, ses constructions, ses voies de communication. C'est donc à un peuple qu'il faut comparer notre corps, y compris l'œil que vous m'opposez. Je ne nie pas que, dans l'organisation d'un peuple, l'intelligence des individus ne soit pour quelque chose. Mais, d'une part, nous n'y voyons pas l'action d'un Dieu unique et tout-puissant. D'autre part, on ne peut nier que le hasard des circonstances, des rencontres ne soit un facteur aussi important dans cette organisation. Pensez-vous qu'aux débuts de la France, par exemple, un être humain aurait pu prévoir ce qu'elle est devenue aujourd'hui ? que même les premiers dirigeants, Clovis, Dagobert ou Charlemagne, avaient un plan arrêté pour la former ? ou bien, s'ils avaient un plan, que ce plan n'a pas été contrecarré, modifié, annihilé de façon à ce qu'il n'en reste plus trace par mille influences, par mille événements ? N'est-ce pas là du hasard ? Eh bien ! pour notre corps, notre œil, c'est la même chose. Au début il y a un plastide seulement : l'œuf. Ce plastide mange et grandit ; au bout de quelques heures, il se partage en deux qui, suivant la même évolution, se partagent à leur tour, et ainsi de suite. De deux les plastides deviennent quatre, puis huit, puis seize, puis trente-deux, jusqu'à dépasser le chiffre de cent milliards. Et, à mesure qu'ils deviennent plus nombreux, ils se partagent la besogne. Ils se fixent aux endroits où ils peuvent recevoir de la nourriture (ou, ce qui revient au même, ceux qui sont trop mal placés pour en recevoir disparaissent), et voilà pourquoi aucun n'est oublié dans la distribution.

— Mais il y a de l'intelligence dans leur organisation ?

— Admettons-le. Ne peut-il y avoir, dans l'Univers, de même qu'il y a des éléments matériels et des forces aveugles, ne peut-il exister, dis-je, des forces intelligentes ? Remarquez que je ne dis pas une, mais *des* forces, des milliards, une infinité de forces intelligentes, qui se sont réunies et organisées de différentes manières, de façon à former tous les divers êtres vivants qui nous entourent ? Ces forces intelligentes, conscientes, indépendantes en principe les unes des autres, d'une dimension et d'une puissance très limitées, ne peuvent être appelées ni un Dieu, ni des dieux. Vous voyez bien que toutes ces organisations merveilleuses s'expliquent très bien sans faire intervenir l'hypothèse Dieu !

— Mais c'est aussi une hypothèse que vous me développez là ?

— Si vous voulez. En tout cas étayée sur des faits scientifiques, que tout le monde peut constater ; tandis que l'hypothèse Dieu est étayée sur quoi ? sur des livres anciens, mal écrits, remplis d'erreurs, plus ou moins immoraux, et par dessus le marché pas authentiques.

— Mais si c'est une hypothèse ce n'est pas sûr ?

— Ce n'est pas absolument sûr, en effet. L'avenir pourra la modifier, ou en trouver d'autres plus plausibles encore. Mais l'hypothèse Dieu, qui rend tout inexplicable, est certainement bien moins sûre; et vous la rejetteriez comme moi si vous n'aviez pas si peur de la colère de cet être imaginaire, et si vous vouliez vous donner la peine d'étudier *sérieusement* les arguments qui la combattent.

— Il me semble que je vous écoute avec attention.

— Oui, mais dès que nous nous quitterons, autant en emportera le vent, peut-être. Vous avez, obligé ou non, passé de nombreuses heures à entendre parler de Dieu, de sa bonté infinie, de sa puissance, de ses miracles. Vous en passez encore. On vous en a tant parlé que vous le voyez presque, que vous vous représentez comme si vous y aviez assisté les scènes du jugement dernier, du paradis, de l'enfer, que, tels les génies de l'antiquité, les anges et les démons vous sont devenus familiers. Vous êtes tellement habitué à croire à l'existence de Dieu que l'idée du non-Dieu vous épouvante, vous choque, vous répugne. En m'écoutant vous tremblez de voir la foudre vengeresse de votre Dieu s'abattre sur moi et par contrecoup sur vous. Que peuvent mes arguments sur un état d'esprit semblable ? Les meilleurs sont regardés par vous comme des artifices du démon, et vous vous défiez de leur logique même. Au fond vous pensez que je crois en Dieu tout comme vous, mais que je suis vendu au démon.....

— Je vous assure que vous vous méprenez. Je ne crois rien de pareil.

— Mais oui, par un effort de raison vous chassez cette croyance qu'on vous a inculquée, mais elle reste au fond de vous-même. C'est par pure curiosité que vous m'écoutez, non dans le but de vous éclairer, car vous vous croyez très suffisamment éclairé.....

— Alors, si vous pensez que vos efforts ne doivent avoir aucun résultat, pourquoi les faites-vous ?

— Mon Dieu ! parce que.....

— Ah ! je vous y prends. Vous avez dit : Mon Dieu ! Dites donc maintenant que vous n'y croyez pas, en Dieu ?

— Vous tirez bien inutilement avantage d'une expression qui m'a échappé, que j'emploie le moins possible parce qu'elle est illogique chez moi ; mais ce n'est pas tout à fait de ma faute si elle sort quelquefois de ma bouche ; c'est un reste de mon éducation première, et vous pouvez croire qu'en la disant je ne pensais même pas à Dieu.....

— Allons, ne vous fâchez pas. Continuez plutôt ce que vous disiez. Cela m'intéresse.

— Eh bien ! je répands mon idée parce que, malgré tout, je ne puis pas croire que cela ne servira à rien ; parce que cela aura quand même un résultat, les progrès continus de la libre-pensée m'en sont garants. Mais ces progrès sont lents, les préjugés sont tenaces, on ne nous écoute que distraitement, nous n'avons pas comme nos adversaires prise sur la jeunesse. Et cependant nous faisons des progrès.

— Vous semez la division, vous troublez les consciences, vous compromettez la moralité. Quand même vous auriez raison, pourquoi ne pas laisser les choses comme elles étaient ? Croyez-vous que les hommes n'auraient pas pu vivre heureux en croyant en Dieu ?

— Cette division dont vous parlez, Jacques, elle existait avant nous ; nous n'en sommes pas responsables ; elle remonte aux premiers libres-penseurs ; et encore ce n'est pas de leur faute s'il n'ont pas pu se taire devant l'erreur. Oubliez-vous que ce sont précisément les religions qui ont divisé les hommes jusqu'à les faire s'entr'égorger ? Nous, nous préparons l'union. C'est l'erreur qui divise, c'est la vérité qui réunit ; on ne dispute pas sur la question de savoir si deux et deux font quatre. Et quand l'union sera faite elle durera toujours. L'erreur est passagère. La vérité, lorsqu'elle est dégagée, est immortelle.

Imprimerie de l'Intégrale, 33, rue de l'Hospitalité, Tours.

21

LES ENTRETIENS
DE MAITRE BARTHÉLEMY

II

DIEU N'EXISTE PAS

PRIX : 15 centimes

—o—

LIBRAIRIE DE L'INTÉGRALE

33, rue de l'Hospitalité, à TOURS

LES ENTRETIENS

DE MAITRE BARTHÉLEMY

II

DIEU N'EXISTE PAS

— L'autre jour, vous vous êtes fait fort de démolir en détail « mon hypothèse Dieu ». Allez-y. Je suis curieux de voir comment vous vous y prendrez.

— Volontiers. Vous admettez que Dieu existe ?

— Parfaitement.

— Malgré ce que je vous ai dit l'autre jour ?

— Malgré cela.

— Vous pensez qu'il est intelligent ?

— Naturellement.

— Vous ne concevriez pas un Dieu qui manquerait d'intelligence ?

— Comme vous dites.

— Pensez-vous qu'il est aussi intelligent qu'un homme ?

— Vous vous moquez. Bien plus, puisqu'il a fait des choses bien plus difficiles que celles que nous faisons.

— Je pourrais même vous dire que votre Église lui attribue une intelligence infinie. Mais cela me donnerait trop d'avantages. Ne pensez-vous pas que l'intelligence suppose la bonté ?

— Évidemment. La méchanceté n'est que de la sottise. Mais justement l'Église enseigne l'infinie bonté de Dieu.

— Mettons seulement sa bonté tout court, ce sera suffisant pour ma démonstration. Alors vous ne comprendriez pas un Dieu méchant, se plaisant à faire le mal ?

— Ce ne serait pas un Dieu.

— Fort bien. Et quelle puissance attribuez-vous à ce Dieu ?

— Mais, comme l'Église nous l'enseigne, la puissance infinie. Est-ce qu'on peut attribuer une puissance limitée à celui qui a fait l'Univers infini ?

— De mieux en mieux. Alors, nous disons que Dieu est très intelligent, très bon, et infiniment puissant ?

— Au moins.

— Alors, pourquoi le mal existe-t-il ? Pourquoi les maladies, pourquoi les blessures, pourquoi les accidents, pourquoi la guerre ? Pourquoi votre Dieu tout-puissant et bon n'empêche-t-il pas tout cela ?

— Mais la douleur, les malheurs sont utiles.

— Parfois, je vous le concède. Mais pas toujours. Il y a un homme qui se conduit mal. Si sa conduite lui amène du mal, peut-être ce mal le déterminera-t-il à s'amender. Mais il arrive qu'il soit puni, alors que précisément il a fait son devoir, et ce mal-là n'est pas productif de bien, au contraire. Il arrive qu'une cheminée tombe sur la tête d'un père de famille honnête, et réduit ses enfants à la misère. Pourquoi Dieu ne dévie-t-il pas la chute de la cheminée ?

— Qui vous dit qu'il ne le fait pas quelquefois ?

— Cela, malheureusement pour votre thèse, n'a jamais été constaté scientifiquement. C'est le *miracle*, que vous prétendez exister et que je nie. Mais admettons qu'il le fait quelquefois. Pourquoi ne le fait-il pas *toujours* ?

— Il ne peut tout de même pas changer les lois de la nature pour un seul individu.

— Il ne peut pas ? Il n'est donc pas tout-puissant ? Les lois de la nature sont plus fortes que lui ?

— Mais non ! Mais en les changeant momentanément pour favoriser un individu il pourrait nuire à d'autres.

— Croyez-vous ? S'il faisait tomber la cheminée derrière

le passant, au lieu de la laisser tomber sur sa tête, cela dérangerait-il beaucoup l'ordre établi ?

— Je vous répète qu'il peut le faire, et qu'il le fait quelquefois.

— Dans votre croyance. Mais pourquoi ne le fait-il pas toujours ?

— Ses vues sont impénétrables.

— Pardon ! Vous ne me répondez pas. Le mal n'existe pas pour les choses inanimées : il importe peu à la pierre qu'on la brise. Mais il existe pour les êtres vivants. Oseriez-vous soutenir que tous les maux sont mérités ?

— Non.

— Alors pourquoi Dieu, bon et tout-puissant, punit-il par la douleur ceux qui ne l'ont pas mérité ?

— Il ne les punit pas, il les éprouve. Il leur réserve le bonheur parfait dans la vie éternelle.

— Vous dites qu'*il* les éprouve, mais vous ne le démontrez pas, et pour cause. Et pourquoi les éprouve-t-il ? Il ne sait donc pas ce qu'ils valent ?

— Dieu sait tout, voit tout et connaît tout.

— Alors quelle raison peut-il avoir de les éprouver ?

— Pour augmenter leurs mérites.

— Et si l'épreuve ne réussit pas, comme cela arrive souvent, à quoi bon cette épreuve dont Dieu n'a pas besoin ? C'est peut-être pour les rendre plus coupables ?

— !!!

— Il est donc méchant ? Vous voyez donc bien là, déjà, l'impossibilité de l'existence d'un être aussi contradictoire. Mais j'ai encore autre chose à dire. Puisque vous croyez qu'il y a un Dieu, pensez-vous qu'il soit important de l'aimer, de le servir ?

— Certes ! D'ailleurs la religion nous en fait un devoir.

— Il tient donc bien à ce qu'on le serve ?

— Évidemment, puisque le servir c'est se conformer à sa loi, c'est faire le bien.

— Mais le prier ce n'est pas faire le bien. On peut faire le bien sans cela.

— Celui qui prie Dieu trouve dans la prière même de nouveaux motifs de se bien conduire.

— Hum ! hum ! C'est bien discutable, cela. Je ne me suis guère aperçu que les dévots, qui prient beaucoup, fassent beaucoup plus de bien que les libres-penseurs. Même il me semble qu'ils sont bien plus occupés à faire du mal à ceux qui ne pensent pas comme eux qu'à soulager les misères de leur prochain.

— Les vrais dévots ne se conduisent pas ainsi.

— Peut-être. Mais savez-vous alors qu'il n'y en a pas beaucoup, de vrais dévots, et que l'on trouverait facilement plus de libres-penseurs qui sont préoccupés du bien d'autrui ? Donc la prière ne produit pas l'effet que vous pensez. Par conséquent, pourquoi prier ?

— Parce que Dieu l'a commandé.

— Il y tient donc bien ?

— Probablement.

— Et ceux qui ne le prient pas, que leur fera-t-il ?

— Il les punira.

— Et ceux qui, non contents de ne pas prier, engagent les autres à s'en abstenir, seront sans doute punis aussi ?

— Certainement.

— Moi qui le nie, qui, suivant vous, répands l'erreur, je devrai être puni double, triple ?

— Cela pourrait vous arriver.

— Vous n'en avez pas l'air bien sûr ?

— Cela vous arrivera, alors.

— Pourquoi cela ne m'arrive-t-il pas tout de suite ?

— Vous ne perdrez rien pour attendre.

— Mais Dieu, ainsi, me laisse répandre l'erreur. Croyez-vous que ce soit là une bonne politique ?

— Je ne me permets pas de juger Dieu.

— Parce que vous ne pouvez pas le juger favorablement

sur cet article. Que vous en conveniez ou non, vous sentez bien que sur ce point il n'est pas défendable.

— Il vous laisse vivre parce qu'il sait que vous êtes de bonne foi.

— Et il n'a pas la puissance de m'éclairer, et par là de changer ma mauvaise propagande en bonne? N'apercevez-vous pas, là encore, une contradiction? Maintenant, à quoi connaissez-vous qu'il y a un Dieu?

— D'abord, parce qu'il nous a donné des livres pour nous faire connaître sa loi ; ensuite, il nous apparaît assez dans ses œuvres.

— Voyons votre premier argument. Il vous a donné des livres. Lesquels?

— L'Ancien et le Nouveau Testament, pour ne parler que des principaux.

— C'est Dieu qui vous les a apportés?

— Non. Il les a inspirés à leurs auteurs. Il a inspiré l'Ancien Testament à Moïse, son serviteur, et à ses successeurs.

— La preuve?

— Mais il n'y a qu'à lire l'Ancien Testament pour être frappé de la poésie qui s'en dégage. Il contient des mots pour toutes les situations. Quel homme, livré à ses seules forces, aurait pu faire un livre pareil?

— L'avez-vous lu?

— Non. Vous savez bien que l'Église en défend la lecture à ses fidèles, crainte des mauvaises interprétations qu'ils pourraient en faire. Mais j'en ai entendu parler.

— Par d'autres personnes qui en avaient aussi entendu parler, n'est-ce pas? Eh bien ! il est dommage que vos principes vous interdisent cette lecture. Elle vous aurait fait du bien. Vous y auriez trouvé l'histoire extra-morale des filles de Loth, qui saoulent leur père pour coucher avec lui ; celle de Jacob, l'élu de Dieu, qui vole à son frère Ésaü son droit d'aînesse, et, avec la complicité de

Dieu, volant le troupeau de son oncle Laban ; celle des
Hébreux qui, toujours d'accord avec Dieu, volent les
Égyptiens : celle des Israélites envahissant, sur l'ordre
de Dieu, un petit pays dont les habitants ne leur avaient
rien fait, et tuant, toujours pour obéir à Dieu, hommes,
femmes et enfants. Toutes ces histoires sont édifiantes
et prouvent la bonté et la justice de Dieu !

— Que voulez-vous ? C'étaient les mœurs du temps.
Moïse, après tout, n'était qu'un homme.

— Alors Dieu n'a pas inspiré toutes ces histoires ?

— Il n'a pas nécessairement inspiré toute la Bible.

— A quoi reconnaissez-vous alors les parties inspirées
des parties non inspirées ?

— !!!

— Dieu n'aurait-il pas mieux fait d'inspirer tout entier
un livre qui devait être le fondement de sa religion ?

— Je ne puis pas me permettre de le juger.

— Mais vous ne pouvez pas non plus prendre sur vous
de l'approuver. Au fond, vous êtes étonné que la censure
de Dieu ait laissé passer ces histoires et surtout la manière dont elles sont racontées. Mais passons. Au moins,
ce livre inspiré ne doit pas contenir d'erreurs ?

— Évidemment.

— Or, il est dit dans ce livre qu'il y eut un déluge tel
que l'eau couvrit tous les continents et que son niveau
dépassa de quinze coudées le sommet des plus hautes
montagnes.

— Que trouvez-vous à cela d'étonnant ?

— Je me demande où a bien pu passer toute cette eau ;
car cela en fait beaucoup, vous savez. Ici la Bible est en
flagrante contradiction avec la science.

— Bah ! Elle se sera tout bêtement infiltrée dans le sol.

— Le sol avait donc des fissures ?

— Il faut bien qu'il en ait été ainsi.

— Alors, pourquoi les mers et les fleuves d'avant le

déluge ne s'y étaient-ils pas infiltrés? Remarquez que si vous alléguez qu'ils s'y infiltraient, c'est comme si vous disiez qu'il n'y avait pas d'eau sur notre planète avant le déluge, par conséquent ni hommes, ni animaux, ni plantes, ce qui serait en contradiction à la fois avec la Bible et avec la science..... Vous ne trouvez rien à répondre? Passons. Il y a dans la Bible que Josué arrêta le Soleil.

— Eh bien!

— Mais la science a prouvé que ce n'est pas le Soleil qui tourne autour de la Terre, mais au contraire la Terre qui tourne devant lui.

— Eh bien! il a arrêté la Terre, tout simplement. Ne cherchez donc pas la petite bête. L'expression manque d'exactitude parce qu'elle n'aurait pas été comprise à cette époque.

— Admettons. Savez-vous que la Terre, à l'équateur, fait 463 mètres par seconde, quinze fois ce que fait un train express, et que, à l'endroit où se trouvait Josué, cette vitesse devait être au moins douze fois celle d'un express? Et la Terre se serait arrêtée comme cela, tout d'un coup?

— Probablement.

— Et il n'y a pas eu de secousse?

— Eh! après tout, pourquoi la Terre ne se serait-elle pas arrêtée graduellement?

— En admettant l'existence de Dieu et le miracle, ce serait possible à la rigueur, mais en tout cas bien extraordinaire. Passons à autre chose. La Bible nous donne un premier père Adam.

— Qu'y a-t-il là de si invraisemblable?

— Oh! rien. Combien Adam eut-il d'enfants?

— Trois: Caïn, Abel, et Seth.

— Trois garçons par conséquent. Caïn tua Abel, alors que Seth n'était pas encore né. La Bible dit que Caïn après son crime, craignant la colère de Dieu, alla s'établir dans un autre pays, où il bâtit une ville (pourquoi donc une ville), et se maria avec les femmes du pays. D'où venaient donc ces femmes ?

— Ah ! mais, est-ce bien exact ce que vous dites ?

— Relisez l'Ancien Testament.

— Mais, dans l'antiquité, les femmes ne comptaient pas. Adam eut sans doute des filles, mais la Bible n'en parle pas.

— De sorte que Caïn se serait marié avec ses sœurs ?

— Cela peut s'expliquer ainsi.

— Mais comment avait-il tant de sœurs, puisqu'il bâtissait une ville, et comment pouvaient-elles se trouver si loin ? Comment se fait-il aussi que la Bible ne dise pas que c'étaient ses sœurs ?

— Cela est singulier en effet.

— Ne serait-ce pas que l'auteur de la Bible aurait tout simplement raconté une histoire quelconque, inventée par lui naturellement, et qu'il aurait oublié de se relire ? Vous savez l'adage : Toujours par quelque endroit fourbes se laissent prendre.

— Je ne peux pas vous laisser dire que Moïse était un fourbe. Quel intérêt aurait-il eu à tromper ?

— Peut-être celui de devenir ainsi plus facilement le chef incontesté du peuple israélite. S'il avait raconté une histoire véridique, elle présenterait peut-être des lacunes, mais assurément pas une contradiction semblable.

— Il n'en est pas moins vrai que les savants ont reconnu que la Bible est d'accord avec la science.

— C'est-à-dire que certains savants catholiques ont essayé de mettre d'accord la science avec la Bible. Il y allait, pour certains d'entre eux, de leur situation. Seulement ils n'y ont pas réussi. Le monde tout entier, d'après la Bible, a été créé en six jours ; la science démontre que la Terre seule a demandé, pour devenir ce qu'elle est, plusieurs millions d'années. Cela fait une légère différence.

— Oh ! c'est une erreur d'interprétation, un mot hébreu qui avait été mal compris ; c'est six époques qu'il aurait fallu traduire.

— Et quelles sont, alors, ces six époques ?

— !!!

— La vérité est que la science ne voit pas plus six époques que six jours. Le savant Cuvier, sous l'influence de la pression cléricale qui s'exerçait à son époque, avait essayé de séparer ces époques supposées par d'immenses catastrophes ; mais outre que sa théorie n'en était pas plus d'accord avec la Bible, il est prouvé aujourd'hui que ces bouleversements n'ont existé que dans son imagination.

— Pourquoi avez-vous confiance dans les affirmations des savants athées actuels, et rejetez-vous l'opinion de Cuvier, qui les valait bien, je pense ?

— D'abord, les savants actuels ne sont pas tous athées, certains même sont excellents catholiques, et cependant la théorie de Cuvier est abandonnée même par ceux-là. Ensuite, j'ai plus de confiance dans les savants actuels parce qu'ils connaissent mieux la question ; depuis Cuvier des découvertes ont été faites dont il ne pouvait tenir compte, puisqu'il les ignorait. Je pense aussi qu'il faut se défier beaucoup des raisonnements des savants lorsqu'ils cherchent à justifier une thèse préconçue. Pour être savants ils n'en sont pas moins hommes ; le désir qu'ils ont de voir triompher leur système les porte à considérer comme irréfutables des arguments contestables. Enfin, je vous le répète, si même la théorie de Cuvier était exacte, elle aussi se trouverait en désaccord avec la Bible. Maintenant vous savez sans doute que d'après la Bible l'Univers tout entier ne date que de six mille ans et présente l'homme comme civilisé dès son apparition, alors que des historiens tellement catholiques qu'ils n'hésitent pas à présenter dans leurs livres comme vérité la création du

monde en six jours, reconnaissent que les documents his-
toriques égyptiens prouvent que l'invention de l'écriture
seulement remonte à plus de huit mille ans ; alors aussi
que les géologues ont trouvé l'homme fossile dans des
terrains vieux de plus de cent mille ans.....

— Continuez.

— Ne trouvez-vous pas aussi que Dieu avait une drôle
d'idée de confondre les langues des peuples qui construi-
saient la tour de Babel? Et vraiment pourquoi les empê-
cher de construire cette tour, alors qu'il nous a laissé bâtir
la tour Eiffel, bien plus haute certainement? Ne trouvez-
vous pas étrange aussi ce Dieu qui veut faire un homme
à son image, c'est-à-dire parfait, et qui se voit obligé de le
détruire par le déluge? qui espère, en choisissant un juste,
avoir une race meilleure, et qui se trouve encore déçu?
Cela s'accorde-t-il avec la prescience et l'omniscience que
vous attribuez à votre Dieu?

— Je ne peux pas vous répondre. Je ne suis pas, comme
vous, un habile rhéteur. Probablement ces difficultés sont-
elles résolues dans les livres des grands théologiens. Je me
contente donc de vous écouter. Je veux espérer que vous
voudrez bien ne pas tirer avantage de ma faiblesse.

— Hum! ce n'est pas vous qui êtes faible, c'est votre
thèse. Rapportez donc mes arguments à votre curé, qui
doit bien me valoir en théologie. Je serai étonné s'il les
réfute. Gageons qu'il ne saura que vous dire qu'ils sont
idiots et ne valent pas la peine qu'on s'en occupe. Et je
puis conclure de tout ceci que la Bible est tout simplement
une œuvre humaine. Son style n'a rien de merveilleux, quoi
qu'on en ait dit. Et si un Dieu s'était donné la peine d'inspirer un livre, il l'aurait inspiré mieux que cela. Donc,
œuvre d'un homme, elle ne prouve ni la révélation ni
l'existence de Dieu

— Cela ne prouve pas non plus sa non-existence.

— Autre chose la prouve. Nulle part, d'abord, Dieu ne

se manifeste. Personne ne s'aperçoit de sa présence.

— Vous avez des yeux pour ne pas voir. Regardez donc ses œuvres.

— Je vous ai démontré l'autre jour que les merveilles de la nature s'expliquent sans cette hypothèse.

— Vous direz tout ce que vous voudrez. Il y a des lois dans la nature. Cela vous ne pouvez le nier. Or qui dit lois dit législateur. Mettez donc que c'est ce législateur que j'appelle Dieu. Que répondez-vous à cela ?

— Oh ! je vais vous renvoyer tout simplement à votre dictionnaire. Voulez-vous regarder ? Tenez.

Loi. ....Condition nécessaire dérivant de la nature des choses, rapport constant et invariable qui unit deux phénomènes....

Le mot *loi*, comme beaucoup d'autres mots français, a plusieurs sens: Certaines lois sont posées par des législateurs ; mais les lois de la nature n'ont pas ce caractère. Elles sont *immuables*, et les lois civiles point ; elles résultent de l'essence des choses, non du caprice d'un législateur.

— Vous êtes terrible. Mais enfin vous ne pouvez pas être plus savant que toute l'humanité ; or, de tous temps l'humanité a cru en Dieu ; croyez-vous que si Dieu n'existait pas, tous les hommes auraient pu avoir cette idée ?

— Tous, c'est beaucoup, ami Jacques. N'oubliez pas qu'il existe des athées. Songez aussi que c'est bien plutôt quelques individus, au début, qui ont répandu cette opinion. Enfin, rappelez-vous qu'il n'y a pas encore cinq cents ans, on disait, à tort, à Galilée : « Vous ne pouvez pas être plus savant que toute l'humanité ; or, de tout temps, toute l'humanité a cru que le Soleil tournait autour de la Terre ; oyez-vous que, si c'était le contraire, personne ne s'en serait aperçu ? »

— Vous me retournez assez habilement, je le reconnais, mon argument. N'empêche que mon hypothèse Dieu est bien plus simple que la vôtre, et plus à la portée des masses ; même les sauvages la comprennent.

— Trop simple, ami Jacques. Je reconnais volontiers qu'elle paraît à la portée des sauvages, des ignorants, et même des imbéciles. Mais elle a un défaut, c'est qu'elle n'est pas vraie. L'Univers n'est pas inintelligible, loin de là ; mais il n'est pas non plus simple et compréhensible pour le premier venu. Que diriez-vous d'un sauvage qui, voyant marcher une machine à vapeur, en conclurait qu'il y a, caché dans la machine, un homme, un animal qui en pousse les différentes pièces ? Qu'il est trop simpliste, et cependant il ne serait guère en état de supposer autre chose. Eh bien ! vous, vous êtes simpliste comme lui, avec juste autant de raison.

— Alors !

— Comment se fait-il que jamais les hommes ne disputent sur la question de savoir combien font deux et deux, sur la somme des angles d'un triangle, le carré de l'hypoténuse, etc., et qu'ils disputent tant sur la question de Dieu ? Ne voyez-vous pas que c'est parce que les premières propositions sont évidentes, tandis que la question Dieu est beaucoup plus compliquée ? Ne dites donc pas que l'hypothèse Dieu est comprise par les sauvages ; elle n'est même pas comprise par vous. Ils s'imaginent, et vous vous imaginez la comprendre parce qu'eux et vous ne l'approfondissez pas. Quand on l'examine mieux, elle apparaît infiniment moins simple et plus ardue que l'hypothèse générale que je vous ai exposée l'autre jour (1), qui, elle au moins, ne présente pas de contradictions. Tout cela ne suffit pas pour vous convaincre ?

— Si ma foi n'était aussi solide, vraiment je crois que vous la troubleriez. Mais je relirai mes auteurs, et gare à vous.

— C'est cela, relisez vos auteurs.

1. Voir la précédente brochure : *L'Univers peut s'expliquer sans faire intervenir l'idée de Dieu.*

Impr. de l' « Intégrale », 33, rue de l'Hospitalité, Tours.

22